孩子从这里读懂中国

震惊世界的创举

叶朗 朱良志 著

青岛出版集团 | 青岛出版社

图书在版编目（CIP）数据

震惊世界的创举 / 叶朗, 朱良志著. — 青岛：青岛出版社, 2024.1

（孩子从这里读懂中国）

ISBN 978-7-5736-1879-5

Ⅰ.①震… Ⅱ.①叶… ②朱… Ⅲ.①文化史—中国—少儿读物 Ⅳ.①K203-49

中国国家版本馆CIP数据核字（2024）第023075号

ZHENJING SHIJIE DE CHUANGJU（HAIZI CONG ZHELI DUDONG ZHONGGUO）

书　　名	震惊世界的创举（孩子从这里读懂中国）
著　　者	叶　朗　朱良志
出版发行	青岛出版社
社　　址	青岛市崂山区海尔路182号（266061）
本社网址	http://www.qdpub.com
邮购电话	0532-68068091
责任编辑	李　爽　万延贵
插　　图	刘　瑶　荒　园
封面设计	青岛乐唐视觉设计工作室
装帧设计	青岛乐唐视觉设计工作室
照　　排	青岛乐喜力科技发展有限公司
印　　刷	青岛北琪精密制造有限公司
出版日期	2024年1月第1版　2024年1月第1次印刷
开　　本	16开（710mm×1000mm）
印　　张	7
字　　数	60千
书　　号	ISBN 978-7-5736-1879-5
定　　价	32.00元

编校印装质量、盗版监督服务电话：4006532017　0532-68068050

目录

改变世界的四大发明

004　指南针与航海术

008　造纸术与文明的传播

019　传播知识的印刷术

026　火药：炼丹术带来的发明

连接中西方的丝绸之路

036　开路者张骞

043　时尚品丝绸

046　贸易与交流

郑和下西洋：中国人的大航海

056　先进的航海文明

060　开放与海禁

063　共享太平的愿望

无声的军阵:秦始皇兵马俑

073 兵马俑的发现

075 威武的军阵

080 充满生气的彩绘雕塑

084 神秘的秦始皇陵

祈求和平的万里长城

090 历史上的长城

093 和平的愿望

095 长城的"精神"

098 长城之美

改变世界的四大发明

- 指南针与航海术
- 造纸术与文明的传播
- 传播知识的印刷术
- 火药：炼丹术带来的发明

中国古代有大量的科技发明创造，体现了中华民族的智慧。中国人在天文历法、医学等方面的发明成就举世公认，在潮汐、地质等方面也有非常多的科学发现。世界上最重要的粮食作物之一的水稻，"世界三大饮料"之一的茶，都起源于中国。春秋时期的中国人就发明了以生铁为本的钢铁冶炼技术。中国人发明的瓷器，具有极高的审美价值，丰富和改变了人们的生活方式。指南针、造纸术、印刷术、火药这"四大发明"更是古代科技发展的里程碑。这些发明创造不仅深刻影响着中华文明的发展，也传播到全世界，对世界文明的发展产生了积极的影响。

指南针与航海术

早在先秦时代,我国劳动人民就发现了地球磁场的秘密:地球是一个大磁体,它的两极分别在接近南极和北极的地方,因此地球表面的磁体自由转动时,就会因磁体同性相斥、异性相吸的性质指示南北。古人在很长一段时间都把"磁"写作"慈",认为磁石吸铁就像慈母吸引孩子一样。

战国时期,人们根据磁场的原理,发明出了一种指示方向的仪器——"司南",这是指南针的前身。司南是一个很漂亮的物件,在平滑的盘上,放上一个用天然磁石磨成的勺子,以勺底为支点,可以自由旋转,静止时勺柄就会指向南方。当时的人们就将司南派上了用场,比如,郑国人到远方采玉,就会用司南来辨别方向,确保不会迷路。

震惊世界的创举

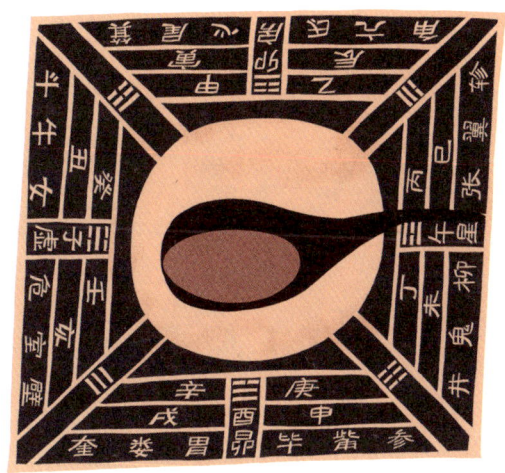

西汉时期,汉武帝曾迷信神仙方术。有一个方士叫栾大,他在汉武帝面前展示了一种叫"斗棋"的小把戏,使两个棋子有时能相互靠近,有时能相互撞击。实际上,栾大就是利用了磁体同性相斥、异性相吸的原理控制棋子。汉武帝果真被这个小把戏骗住了,以为栾大精通法术,竟然直接封他为"五利将军",还把公主嫁给了他。

晋朝人发明了一种叫作"指南鱼"的小游戏。其方法是拿一块薄铁叶剪裁成鱼形,两头翘起,腹部略凹,看起来像一只小船,磁化后浮在水面,就能指示

南北。这是中国人利用磁化作用的众多小发明之一。指南鱼后来被应用于军事。北宋军事著作《武经总要》记载,行军时遇到阴天黑夜,无法辨别方向,便让老马在前面带路,用指南鱼辨别方向。

北宋科学家沈括在《梦溪笔谈》中,介绍了一种缕悬法指南针。将小小的磁针高高地悬挂起来,磁针下面是圆形的方位盘,通过观察磁针在方位盘上的指向,就能判断出方位。

相传,人们还发明了一种"指南龟":把一块天然磁石装进木刻龟的腹内,在木龟腹部下方挖一个小孔,放在木板顶端的竹钉上,这样木龟就有了支点,可以自由旋转。静止时,木龟的头指向南,尾指向北。

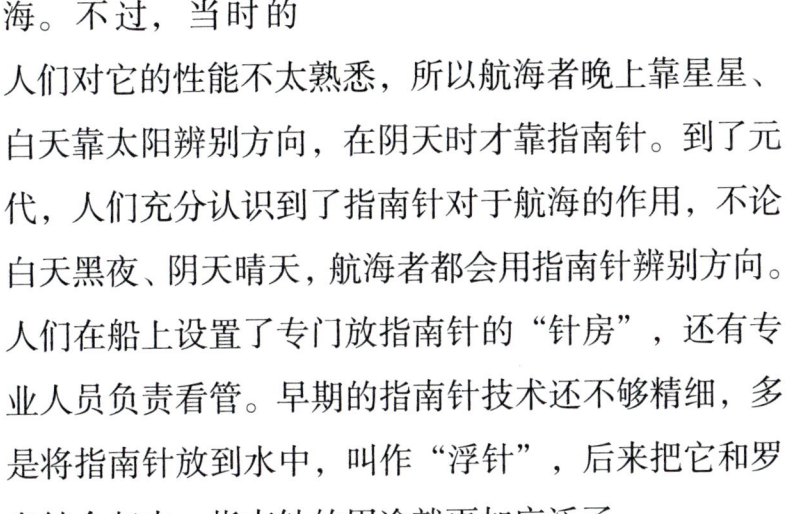

大致在北宋时,指南针就被用于航海。不过,当时的人们对它的性能不太熟悉,所以航海者晚上靠星星、白天靠太阳辨别方向,在阴天时才靠指南针。到了元代,人们充分认识到了指南针对于航海的作用,不论白天黑夜、阴天晴天,航海者都会用指南针辨别方向。人们在船上设置了专门放指南针的"针房",还有专业人员负责看管。早期的指南针技术还不够精细,多是将指南针放到水中,叫作"浮针",后来把它和罗盘结合起来,指南针的用途就更加广泛了。

指南针的发明,促进了古代航海事业的发展。中国人结合对潮汐、季风等现象的观察,创造了一套实用性很强的航海导航技术。正是凭借这样的导航技术,才出现了像明代郑和下西洋那样的海上壮举,将中国人的航海事业推进到一个新时代。指南针也经水陆两路传到西方,对全人类文明发展带来重大影响。

造纸术与文明的传播

人类发明了文字,有了文字就要书写。在没有纸的时代,文字有刻在龟甲上的,那是甲骨文;有铸在青铜器上的,那是金文;有刻在石头上的,那是碑文。在这些东西上刻字、铸字很不容易,刻下的内容也不易传播。

在我国历史上很长一段时间内,人们的书写材料都是简,即竹子削成的片,也有木片。在一片片简上写完字后,用绳子将其编联起来,就成了一册书,叫作简册。据说春秋时期,孔子勤读《易经》,因为翻阅的次数过多,竟导致编联竹简的皮绳被磨断了好几次。这就是成语"韦编三绝"的来源,后用来比喻人读书勤奋。

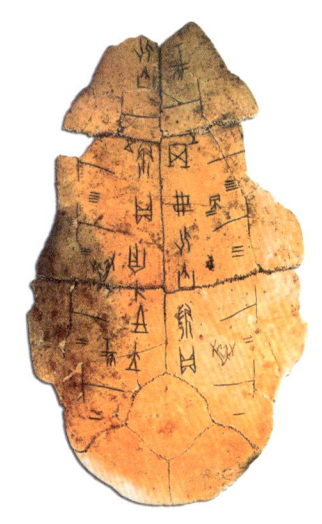

然而,简作为书写材料有许多不便之处。制作简要

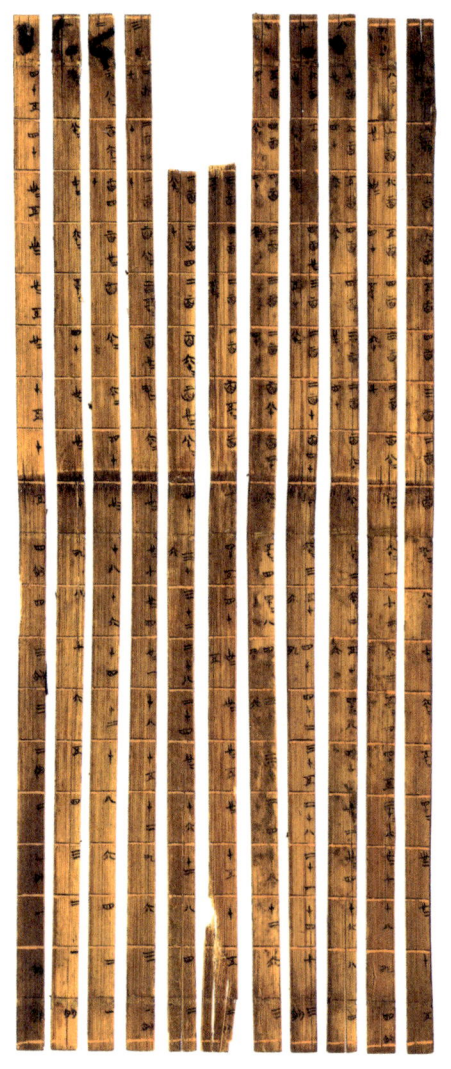

◎战国竹简《算表》（局部）

用到裁切、烘烤等工艺，在简上写完字后还要钻孔、编联。一片简上最多能写几十个字，写一本书要用大量的简，既沉重又不便存放。战国时期有位思想家惠子，据说他读过的书能装满五辆车，人们说他"学富五车"。史书记载，秦始皇一天处理的公文重达120斤。

还有一种书写材料是帛（bó），即绢类的丝织物，起源于春秋,盛行于两汉。和简相比,帛柔软、细白、轻便,幅面宽广,适合作画。但普通人用不起珍贵的帛,一般都是贵族使用。

纸的发明,克服了以上种种不便。在造纸术的发展史上,最著名的人物当属东汉时期的蔡伦。事实上,在蔡伦大规模造纸以前,人们就已经发明了造纸术,我国很多地方都出土过西汉时期的古纸片。不过,那时的纸质地粗糙,产量也低,还不足以取代简和帛的地位。

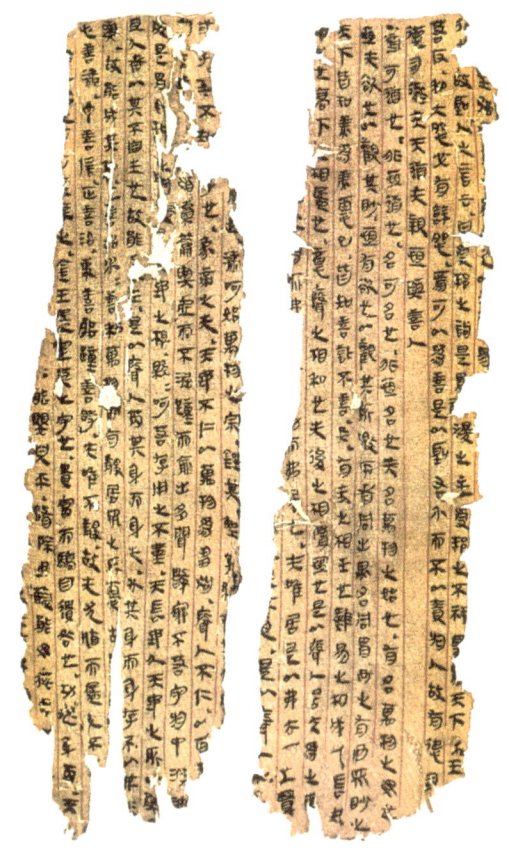

◎西汉马王堆汉墓帛书(局部)

蔡伦是一个宦官，他很有才学，在汉和帝时期做了宫中的尚方令，主管制造各种器物。他总结了长期以来的造纸经验，用便宜常见的破布、渔网、树皮、麻头当原材料，造出了一种平滑坚韧、便于书写的纸，被称为"蔡侯纸"。

蔡伦将他的造纸方法写成奏折，连同纸张献给了汉和帝。汉和帝大喜，奖赏了蔡伦，并下令全国使用蔡侯纸。蔡侯纸质量好，产量高，成本低，很快便普及推广开来。

东汉末年，蔡伦的造纸术被广泛运用，纸逐渐取代了简和帛，成为人们普遍使用的书写材料，这不仅促进了文化的传播，还让更多的典籍可以流传下来。人们也不断改进着蔡伦的造纸术。如东汉末年的书法家左伯造出了一种细密、均匀、富有光泽的纸，人称"左伯纸"，被认为是当时最好的纸。

到了3—5世纪的晋朝,人们用纸张写字、作画,并由此发展出写在纸上的书法艺术和绘画艺术。随着造纸技术的日渐提高,一些特殊的纸张也诞生了,如唐代出现了对中国书法和绘画影响深远的宣纸。

南唐时有一种精美的宫廷御纸,叫"澄心堂纸"。到了北宋,澄心堂纸价值千金,一纸难求,被文人雅

士视为珍宝。许多传世的书画作品,如李公麟的《五马图》,都是作于澄心堂纸上。

北宋学者刘敞有幸得到百幅澄心堂纸,激动得专门写诗记录下这件事。他将其中一些送给了好友欧阳修。因为此纸过于珍贵,欧阳修舍不得用,感叹道:"君家虽有澄心纸,有敢下笔知谁哉!"欧阳修将两幅澄心堂纸寄送给好友梅尧臣,梅尧臣收到后,满心欢喜地欣赏把玩,爱不释手。

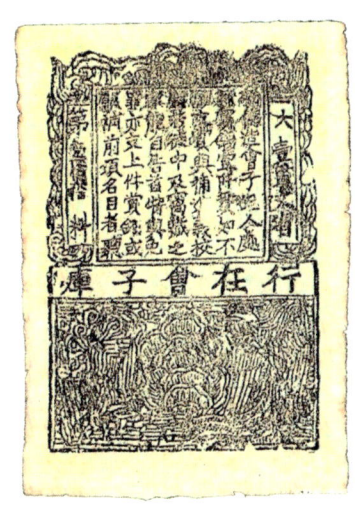
◎宋朝纸币

宋朝时期,纸窗、纸扇、纸帐、纸伞、剪纸等纸制品已经深入百姓的日常生活,还出现了世界上最早的纸币。纸在工业生产中也被广泛使用,如火器制造中的火药筒、火药包及引线都用到了纸。

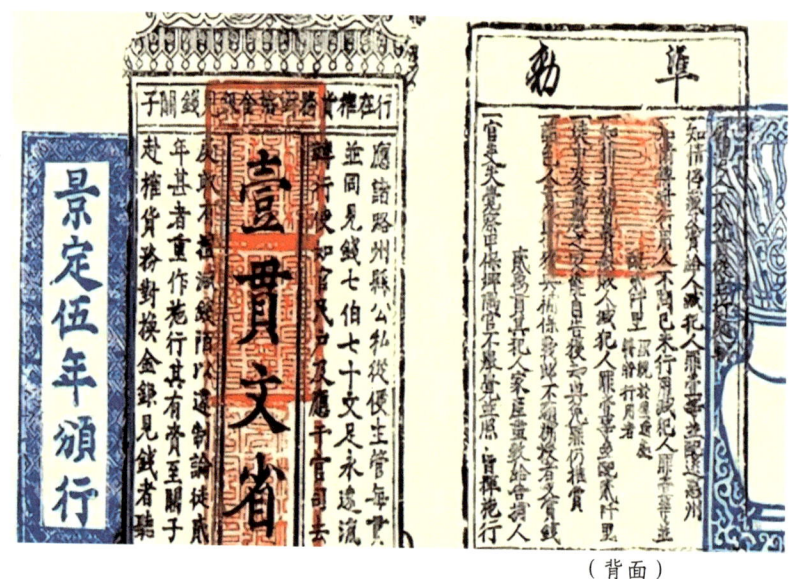

◎宋朝纸币　（背面）

到了明清时期，我国的造纸业已较为发达，纸的原料更加多样，分工更加细致，制造工艺更加高超，生产出的纸张品质精美，种类丰富，颜色繁多。如明朝宣德年间有洁白如玉的白笺、美丽多彩的金花五色笺、色如青花瓷的瓷（磁）青纸等。这些纸不但是书法绘画的材料，其本身也是一种精致的艺术品。

造纸术先后传到了越南、朝鲜、日本，约在7世纪传到了印度。造纸术还通过陆上丝绸之路传到了中亚、西亚。相传8世纪时，唐朝人在与阿拉伯人的一次遭遇战中败北，很多士兵和军中工匠被俘，其中便有造纸匠人，阿拉伯人由此掌握了造纸术。后来，阿拉伯人通过战争和贸易将造纸术带到欧洲，最终传遍整个欧洲。

造纸术传入欧洲前，欧洲人主要使用羊皮来书写，也会使用一些从古埃及进口的莎草纸。但羊皮相当昂贵，抄写一本书往往要用几十张甚至几百张羊皮，耗费巨大。莎草纸不是真正意义上的纸，是用一种叫纸莎草的植物处理成的材料，脆弱粗糙，不便于书写和保存。纸的传入，大大推动了欧洲的文字普及、文化传播和文明发展。正如一首英国诗歌所写：

> 我赞颂第一位造纸者，
> 世间众善，皆源于此。
> 它使新书面世，旧作永传，
> 价值远超尘世。
> 羊皮纸虽传播时空广远，
> 但不能代替纸张的优良。
> 纸张在大众中普遍流传，
> 而羊皮纸仅为少数人所拥有。

传播知识的印刷术

从前,人们传播知识只能通过口耳相传,你告诉我,我告诉你。但这样的传播范围实在太有限了,而且在口耳相传中,如果有人听错了、记错了或者忘记了,知识的传播就会遇到麻烦。

印刷术发明后,知识的传播变得容易了。人们把知识写在一本书上,然后大量印刷,无数人就能通过读书来学到这些知识。知识的传播容易了,人们就能进行更多思想上的交流，人类文明的发展速度大大提高了。有人说印刷术是"文明之母"，这是完全不过分的。

印刷术起源于中国的原因，与中国的文化传统密切相关。中国作为具有五千年历史的文明古国，有重视记录历史、传播文化的传统，中国人很早就发明了文字，今天人们还在使用这套符号。通过文字将思想和知识传到千里之外，传至绵绵后代，让大家共享，是中国人自古以来一直追求的事。

在印刷术产生之前，有两件事物的出现尤为重要，它们可以被视为印刷术的先声：

一是印章。印章是将姓名或其他内容的文字刻在铜器或者石头上,作为凭信,实际上也是一种文本复制的方法。篆刻印章兴起于先秦,比纸笔更早诞生,中国人已有三千多年治印的传统。先秦时期,印章曾统称为"玺"。秦始皇统一中国后,印章成为权力的象征,只有皇帝的印章才能称为"玺",臣民的印章都叫"印"。"印"这个名称就是从秦朝开始使用的。

二是碑刻拓印。我们学习书法时要临摹碑帖,比如汉碑、魏碑等。碑刻文字多是汉代以来流传下来的。这

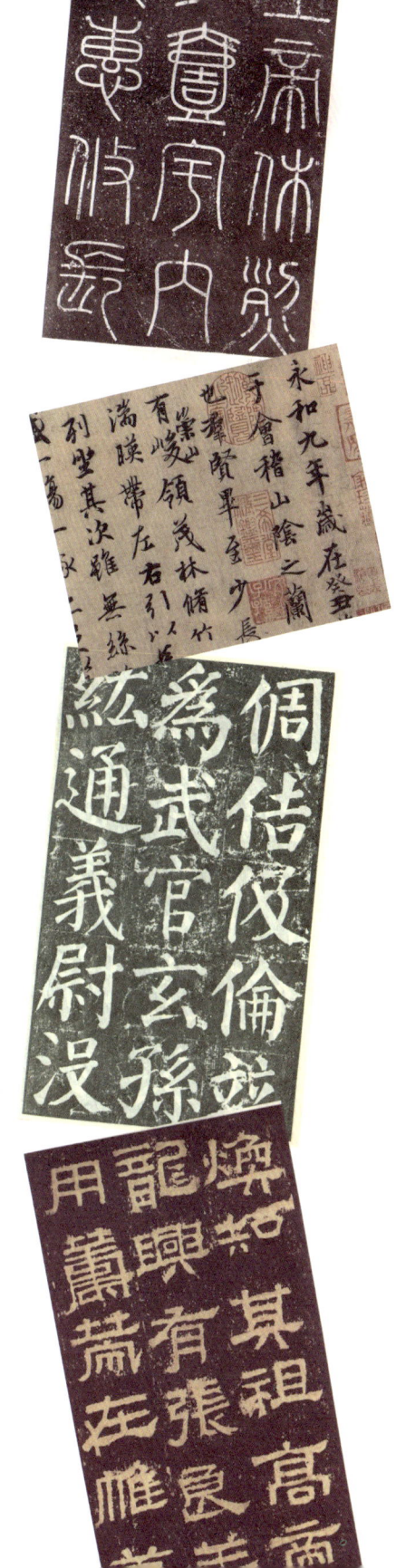

些刻有文字的碑，有的今天还存在，如西安碑林收集了大量的碑刻；有的已经不在了，但它们的内容已经被前代人用纸张蒙在碑刻上拓印下来了。拓印碑刻也是一种文本复制的方法。

印刷术经过了由雕版印刷到活字印刷的发展阶段。大约在 7 世纪的隋唐之际，中国出现了雕版印刷术，也就是在一块块木板上雕刻出凸出来的字，涂上墨印到纸上。

唐咸通九年（868 年）雕版印刷的《金刚经》，是世界上现存最早的有刻印时间的印刷品。雕版印刷在唐宋时期是中国主要的印刷方法。宋代还出现了雕版彩色套印工艺，每页要刻多张版，这对印刷技术要求很高。

不过，雕版印刷有很大局限，每印一种新书，就要重新雕刻一次版，书有多少页，就需要刻多少块版。制作刻版要耗费大量木材，存放起来也占据很多空间。

◎北宋木刻套色版画《蚕母》

◎明代仇英《清明上河图》（形式参照宋代张择端《清明上河图》）中的书坊

雕版印刷对工匠技艺的要求也很高，如果一不小心刻错了，整块版就要重新雕刻。

北宋时期，杭州有一个印刷铺的工匠，名叫毕昇。在工作的时候，他深深地认识到雕版印刷术的缺点，决定找到一种更省时省力的印刷方法。他总结自己的工作经验，也结合前人的经验，经过不断试验和改进，终于发明了一种新的印刷术——活字印刷术。

活字印刷是在一块块胶泥上刻上不同的字，用火烧硬后，就成了一颗颗字印。将这些字印根据书的内容排列组合，镶嵌在铁板上，再烘烤、压平，便可以印刷了。印完后，字印可以取下来，反复使用。这么一来，就不用每印一种书就要重新雕刻一次印版了，也不用担心刻错一个字就会前功尽弃了，节省了大量时间、人力、物力，印刷的效率大大提高。活字印刷术可以说是印刷术发展过程中的一次根本性变革。

后来，人们又发明了磁活字、木活字、锡活字、

震惊世界的创举

铜活字等活字种类。印刷效率的不断提高,促进了书籍的普及,推动了文明的发展。

雕版印刷术在中国出现不久,就传到了日本和朝鲜。活字印刷术出现后,在15世纪初传入朝鲜。顺着陆上和海上两条丝绸之路，中国的印刷术传到了亚洲、欧洲、非洲的很多国家。

1450年前后，德国人古登堡用铅合金制成活字版，用油墨印刷，为现代金属活字印刷术奠定了基础。欧洲第一部活字印刷品的诞生时间比中国晚了400多年。

火药：炼丹术带来的发明

火药作为人类掌握的第一种爆炸物，起源于中国的炼丹术。早在春秋时期，中国就有了炼丹术，很多人妄图炼制出具有长生不老功效的丹药。有一种炼丹术叫"火法炼丹"，主要使用三种原料：硝石、硫黄和木炭。人们发现，将这三种原料混合后点火，会引起燃烧甚至爆炸，这就是火药的由来。"火药"一词本身也体现了它与丹药相关的渊源。

10世纪初，唐朝末年，郑璠率军攻城时，曾用过一种叫"发机飞火"的方法，即利用抛石机将点燃的火药包投掷出去，烧毁城门，以攻下城池。这可能是最原始的火炮。

到了北宋，火药在军事上的运用更加广泛。国家将火药投入大规模的兵器生产中，各类源自火药的兵器相继产生。兵部小官冯继升研发了一种叫"火箭"的武器，利用火药燃烧时喷出的气体的反作用力射出箭簇。冯继升把火箭的制造法进献给宋太祖赵匡胤，并当场演示，赵匡胤很高兴，赏赐给他衣服和布帛。

1126年，金军围攻北宋都城汴京（今河南省开封市）时，抗金名臣李纲用霹雳炮击退金军，"夜发霹雳炮以击贼，军皆惊呼"，这可能是世界上最早的大炮。1161年，金人对南宋发动全面进攻。宋军在舰船上装备了霹雳炮，一声炮响，"其声如雷，纸裂而石灰散为烟雾"，使金军的人马都迷了双眼，大败而归。

◎宋太祖赵匡胤（927—976）

南宋时，有一位叫陈规的官员发明了火枪。他将火药装进长竹竿，作战时由两人操作，点火后发射。火枪是一个具有重要意义的发明，利用这样的发明，人们可以掌握和控制火药的起爆时间，它是人类告别冷兵器时代的巨大飞跃。

元朝时，人们在宋朝火枪的基础上发明了火

铳（chòng），以金属制造，以手持之，威力巨大，人称"铜将军"。火铳是我国古代最早的金属管形射击火器，热兵器的发展由此进入了一个新的阶段。

明朝出现了多发齐射式火箭，可以同时发射几十支甚至100支箭。还有一种叫"神火飞鸦"的军用火箭，用细竹或芦苇编成乌鸦形，内部填充火药，利用4支火箭共同推进。

火箭的发展，使人产生了利用火箭的推力飞上天空的愿望。1390年，明朝人万户（本名陶成道）坐在装有47个自制火箭的椅子上，双手各持一个大风筝，试图借助火箭的推力和风筝的升力起飞。虽然实验失败，万户献出了生命，但他成为人类第一位进行载人火箭飞行尝试的先驱，是世界公认的航天始祖。为了纪念他，月球上的一个环行山以"万户"命名。

◎元太祖成吉思汗（1162—1227）

火药通过成吉思汗的西征传到了阿拉伯地区，后传入欧洲。火药的应用使欧洲从冷兵器时代进入热兵器时代，加速了欧洲封建骑士阶层的衰落，动摇了欧洲的封建统治，为欧洲资本主义的发展、新航路的开辟拉开了序幕。

中国古代的四大发明都是为人类社会生活带来革命性变化的科学发明，推动了整个世界历史的进程。这是中国人对世界文明的伟大贡献。

连接中西方的 丝绸之路

- 开路者张骞
- 时尚品丝绸
- 贸易与交流

从公元前 2 世纪开始,出现了一条横跨亚欧大陆的交通、贸易、文化交流要道,它从中国延伸到中亚、西亚,一直到地中海沿岸各国。这就是著名的"丝绸之路"。

在丝绸之路开通以前,亚欧大陆上已经有人踩出了一条时断时续的草原贸易小道,但这完全不能与丝绸之路相提并论。只有到了丝绸之路开通后,中国和亚欧大陆诸国才开始有真正的交往。

丝绸之路使人类文明在不同地域之间进行交流。它是古老的中国联系世界、接受世界其他地方文明营养的主要通道。中国古代的先进文化和技术也从这里"走出去",推动了世界其他地方文明的发展。

开路者张骞

丝绸之路的开拓者是西汉时期的张骞。这条改变了中国与世界历史的道路,就是张骞率领一队人马,在千辛万苦中开辟出来的,是张骞和他的探险队伍开启了中西方互相了解的大门。在此之前,中国人对亚欧大陆其他地区的情况了解得并不多,虽然也知道在遥远的地方有很多新奇的风物,有许多有趣的国家。

秦末至汉朝初年，西北方匈奴的力量逐渐强大，征服了西域原有的小国，并常年袭扰汉朝边境，使百姓生活苦不堪言。汉朝前几位皇帝曾经出兵抗击过匈奴，但都以失败告终。汉朝就只能通过和亲的方式换取边境安宁。

年轻的汉武帝即位后，一直想改变这种屈辱的局面。有一天，他得知匈奴曾大败月氏，杀死月氏王，将其头颅做成酒器，月氏部众被迫西迁。于是，汉武帝决定派张骞出使西域，想联合西迁的月氏人，左右夹击，共同讨伐匈奴。

> 月氏（yuè zhī）：古族名，秦汉之际游牧于敦煌、祁连间。遭匈奴攻击后，大部分人西迁到塞种地区（今新疆伊犁河流域），后又迁至中亚大夏故地。西迁的月氏人称"大月氏"。少数没有西迁的人称"小月氏"。

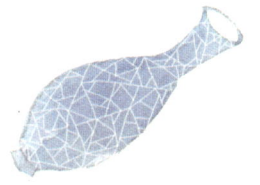公元前138年,张骞率领100多人的队伍,从长安(今陕西省西安市)向西域进发。不幸的是,他刚一踏入河西走廊,就遭遇了匈奴骑兵,整个队伍都被匈奴俘获。匈奴单于(chán yú)想收买张骞,对他威逼利诱,但张骞始终坚贞不屈。

被匈奴软禁很多年后,张骞终于找到机会逃脱。他不忘使命,继续寻找大月氏。他率领队伍西行,经过龟兹、疏勒等国,翻越葱岭,又经过大宛、康居、大夏,最终到达遥远的大月氏。这一路上,张骞的队伍历经千辛万苦,九死一生,许多人倒在了戈壁飞沙与高原冰雪之中。

> 龟兹(qiū cí):古西域城国,在今新疆库车。居民主要务农,兼营畜牧,冶铸、酿酒等亦较发达。有文字,擅长音乐。汉通西域后属西域都护府。

疏勒（shū lè）：古西域国名，国都在今新疆喀什市。居民从事农业，精工艺，开采铜铁。有城郭、文字。汉通西域后属西域都护府。

葱岭：古山脉名，传说以山多青葱而得名。北起南天山、西天山，往南绵亘，包括帕米尔高原、西昆仑山、喀喇昆仑山和兴都库什山，是古时中国西部界山。中国古代陆路交通南亚、中亚的必经之地。

大宛（dà yuān）：古西域国名，在今中亚地区的费尔干纳盆地。以农牧业为主，盛产葡萄、苜蓿，并产著名骏马汗血马。自张骞通西域后，与汉朝往来逐渐频繁。

康居（kāng qú）：古西域国名，约在今中亚地区的巴尔喀什湖和咸海之间，南及今阿姆河北。古代中西交通道路中段要冲。张骞通西域后与汉朝长期交往。

大夏：中亚古国名，在今阿姆河流域。

然而,大月氏人西迁到此地后,已经定居了很多年,习惯了和平安宁的日子,不想再向匈奴复仇了。张骞在大月氏逗留了一年多,也无法说服大月氏人与汉朝结盟,只好遗憾地离开了。

张骞返回时,特意选择了一条避开匈奴势力的路线,计划通过羌人地区归汉。谁知,此时羌人地区也被匈奴控制,张骞等人再次被匈奴俘虏,一年后趁匈奴内乱才得以逃出。张骞最后回到长安时,离出发时已经过去了13年,原先100多人的队伍只剩下了两人。

羌(qiāng):古族名,又称"西羌",形成于青海、甘肃一带。

虽然联合大月氏的计划失败了,但张骞的这段旅程具有巨大的影响力和重要的历史意义,是中国与中亚、西亚、南亚乃至欧洲建立交往的开始。张骞带回的有关西域诸国的地理位置、风土人情、军事力量等情报,使汉王朝第一次掌握了这些遥远地区的详细信息。

汉武帝派卫青、霍去病击败匈奴,收复河套地区,开拓河西走廊,极大地削弱了匈奴的力量,使匈奴不得不退守漠北。公元前119年,汉武帝任命张骞为中郎将,率领300人的使团,携带牛羊万头、价值"数千巨万"的黄金丝帛出使乌孙。张骞还分遣副使到达西域多国。

> 乌孙：古族名，最初在祁连、敦煌间，后西迁到今伊犁河和伊塞克湖一带。从事游牧。汉通西域后属西域都护府。

张骞两次出使西域，打通了中原通向西域、中国通向西方的道路。汉武帝采取了一系列增强汉朝与西域联系的措施。西行道路上的驼铃声此起彼伏，不同文明之间的往来日益频繁，商品的交换空前繁荣，中国和中亚、南亚、西亚直至欧洲的贸易往来真正建立了起来。

通过丝绸之路，亚洲其他国家、非洲、欧洲之间的贸易交流也活跃起来，无数新奇的商品和新颖的技术得以交换，推动了各自文明的发展。

时尚品丝绸

中国人在四五千年前就开始养蚕,将蚕吐出的丝织成丝绸。传说中的黄帝后妃嫘(léi)祖,就是养蚕取丝的发明者。丝绸是一种高级面料,它的手感轻柔爽滑,泛着淡雅的光泽,制成的衣服美丽舒适,十分受人喜爱。在很长一段时期里,中国是世界上唯一能

◎唐代张萱《捣练图》(局部)

生产丝绸的国家，丝绸是中国人对世界最重要的贡献之一。

历史上欧洲人认识和了解中国的过程中，有两个关键物品，一个是瓷器（不少外文中的"中国"一词都与瓷器有关），另一个是丝绸。古罗马人称中国为"塞里斯"，意思就是丝国。

现代人很难想象，当初古罗马人得到丝绸时的激动心情。大约在1世纪时，他们从帕提亚人手中获得了丝绸，终于见到了这种来自遥远东方古国的神秘产品——他们早就知道这个地方以生产丝绸而闻名。古希腊人早在公元前5世纪之前就知道中国生产丝绸了。

> 帕提亚：西亚古国名，发源于伊朗高原东北部，后拥有整个伊朗高原及两河流域，成为西亚大国。国势强盛时曾与罗马帝国抗衡。丝绸之路上的重要国家之一。

但罗马人当时并不知道，丝绸是用蚕吐出的丝织成的，他们想当然地认为，这些丝绸是从树上摘下来的。在他们的想象中，中国人把摘下来的树皮放在水中浸泡，再用梳子梳理，就会出现白色的丝，这就是丝绸的原料。他们还有一种说法是，中国人喜欢养一种小动物，比金龟子大一些，这种动物养了几年，就会吐出白色的丝来。这些都说明罗马人当时并不知道蚕为何物。

据说，恺撒大帝非常喜欢丝绸，他穿着丝绸衣服到剧院看戏，轰动全场。丝绸受到了罗马人的狂热追捧，少女们穿着丝绸衣服在街上招摇，有钱人也以丝绸衣服来显示自己的身份，致使丝绸价格暴涨，甚至达到每磅约12两黄金的天价。昂贵的价格并没有阻挡罗马人对丝绸的兴趣，却使罗马帝国的统治阶层忧心忡忡。由于担心帝国的黄金被掏空，罗马元老院竟然通过一项法令，禁止人们穿着丝绸衣服。

丝绸之路由丝绸而发端，当然并不止于丝绸。开始的交流是由丝绸的魅力引起的，后来的交流范围逐渐从丝绸扩大到其他产品，并进而从产品的交流扩大到文化的交流。

贸易与交流

丝绸之路以长安为起点，经河西走廊到敦煌，从敦煌起分为南北两路，经过多个不同的西域国家，往西能到达安息（帕提亚帝国）、大秦（罗马帝国）。

沿着丝绸之路，中国的丝绸、茶叶、瓷器、漆器、铁器等传到西方，成为风靡一时的流行商品。更重要的是，中国的许多先进技术通过丝绸之路向外传播，如四大发明、养蚕、铸铁、开渠、凿井等技术，直接推动了很多国家文明的进步，加快了世界历史发展的进程。

西域的葡萄、石榴、哈密瓜、核桃、胡萝卜、黄瓜、胡椒、琉璃、香料等也通过丝绸之路传入中原。大宛国的汗血马高大矫健，善于奔跑，据说能日行千里，古人称之为"天马"。乌孙、大月氏、安息等国的毛织品也受到中原人民的欢迎。

西汉政府设立了西域都护府,协调西域各国间的矛盾和纠纷,维持丝绸之路上的秩序,确保丝绸之路的畅通。西汉末年陷入战乱,匈奴趁机又控制了西域。东汉时期,班超奉命出使西域,重新招抚了西域50多个国家,被中断了多年的丝绸之路再度被打通。

唐朝政权稳定,经济发达,开放包容,是丝绸之路发展最繁荣的时代。丝绸之路上的各国使者、商人、留学生、文人、画家、工匠、药师云集,商品交易和文化交流规模达到顶峰。除了出色的文化、技术外,唐朝先进的政治、法律、教育体系也被各国争相学习借鉴。

敦煌是丝绸之路上著名的交通中转站和通商口岸。这片绿洲位于河西走廊西端,是汉长城边陲的玉门关、阳关所在地。中国的丝绸、茶叶、

瓷器等通过这里运往西方以及世界各地，外来的蔬果、香料、宝石等通过这里运往中原各地。敦煌驼铃声声，珍宝云集，"使者相望于道，商旅不绝于途"，一派热闹繁华的景象。

丝绸之路不仅是一条古代通商的道路，它更是连接古代中华文明、印度文明、埃及文明、希腊-罗马文明、中亚文明和两河文明的纽带，是东西方文化和科学技术交流的桥梁，是横贯亚欧大陆的文化大动脉。丝绸之路上高昌、龟兹、敦煌等地的石窟艺术是中外文化交流的见证。在这些当年的绿洲城邦中，留有大量令人惊叹的艺术遗迹，记载着中国与西方文化交流的灿烂历史，是享誉世界的文化遗产。

> 高昌：古城国名，建都古高昌城。居民从事农牧。木刻印刷术与壁画艺术较发达。都城遗址位于新疆吐鲁番市东南。

当然，古时候并没有"丝绸之路"这个名称。19世纪六七十年代，德国地理学家李希霍芬两次来到中国考察地理地质，写下了许多考察报告。在著作中，他首次将这条古老的商路命名为"丝绸之路"。

郑和下西洋：中国人的大航海

- 先进的航海文明
- 开放与海禁
- 共享太平的愿望

震惊世界的创举

1405年,地球蓝色的海洋上,出现了一支庞大的船队,前后有208艘船,这是人类有史以来最大的一支船队。船上所载的各类人员超过27800人,也是人类有史以来航海人员最多的一支船队。

船队的领导者叫郑和,他是明成祖朱棣(永乐皇帝)的近侍,受到皇帝的任命,率领船队出访世界各国。船队带着中国的瓷器、丝绸、茶叶等数不尽的珍宝,穿越岛屿众多的南海、马六甲海峡,横渡印度洋,到达亚洲、非洲的很多国家。

◎郑和下西洋580周年纪念邮票
(设计者:李大玮)

在 28 年间，郑和共七次下西洋，前后出海人员超过 10 万人，访问了 30 多个国家。船队经过东南亚、南亚、西亚，一直到达非洲大陆。在中东，这支船队访问过沙特阿拉伯的麦加城。在非洲，这支船队航行到了莫桑比克的贝拉港。这就是历史上著名的航海壮举"郑和下西洋"。

先进的航海文明

占地球总面积 70% 多的海洋，充满着未知的谜团和无限的挑战。探索和征服茫茫大海，是人类一直以来的梦想。

从 15 世纪开始，人类征服海洋的进程显著加快。1492 年，哥伦布率领他的西班牙船队横渡大西洋，发现了美洲新大陆。5 年后，达·伽马率领葡萄牙船队绕过好望角，穿越印度洋，并在次年到达印度的西

◎达·伽马（约1469—1524）

◎麦哲伦（1480—1521）

海岸。1519年到1522年，麦哲伦的西班牙船队完成了人类历史上第一次环球航行。

与这些人类航海史上的创举相比，郑和下西洋的时间更早，规模也大得多。郑和第一次下西洋的时间比哥伦布出海早87年，比达·伽马早92年，比麦哲伦早114年。郑和的远洋船队有宝船（大中型船只）、粮船、马船、坐船（军用船只）、战船（护航船只）等。宝船长近140米，宽近57米，是当时世界上最大的船只。62艘宝船组成船队主体，加上其他类型船只，组成了一支有208艘船的庞大的混合船队，船上各类人员超过27800人。而哥伦布的船队只有3艘船,船员只有87名。

郑和下西洋的规模之大、技术之先进、组织之严密,都是同时代其他远航活动无法比拟的。郑和船队的装备在当时的世界上也是一流的。这证明中国发展到14、15世纪时,不仅国力强大,科技文明在世界上也处于领先位置。

航海,首先需要可靠的导航能力。中国在9世纪左右就开始将指南针运用到航海活动中了,而指南针和罗盘定位技术在郑和的远航中运用得更加成熟。从今天发现的资料可以看出,郑和的船队已经能熟练地运用观察潮汐、洋流和季风的技术,综合运用罗盘指向、物标导航、天文定位和计程计速等复杂的航海技术。

后人发现的《郑和航海图》是世界上现存最早的航海图集,虽然与当今的航海图相比,它还略显粗

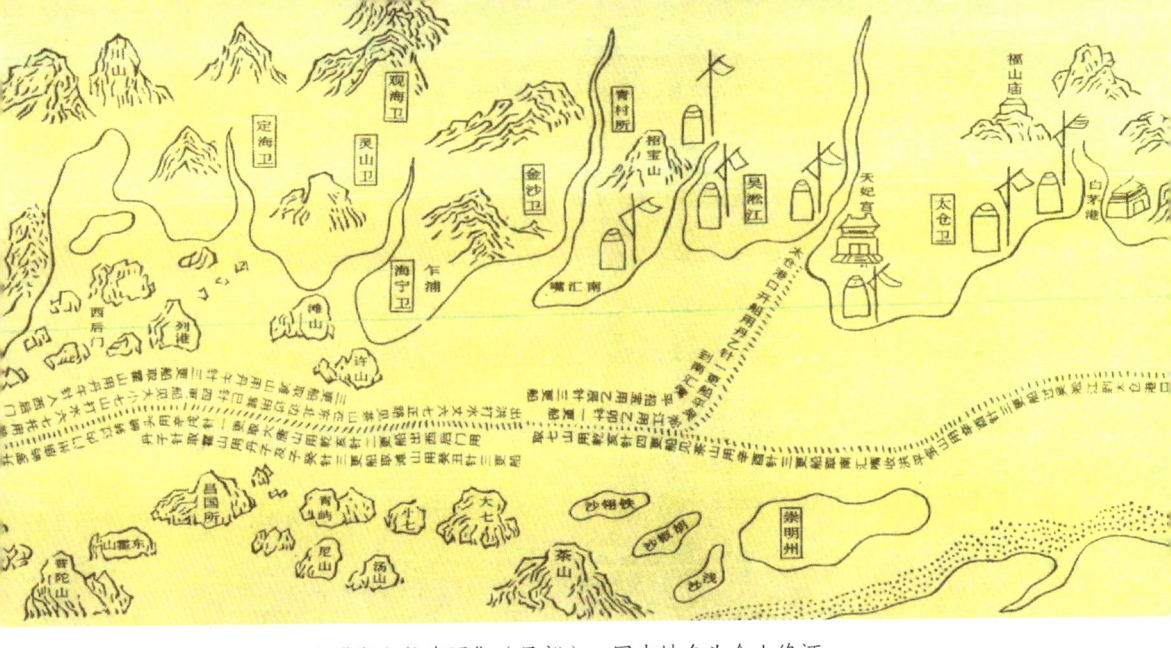

◎《郑和航海图》（局部）。图中地名为今人修订。

糙，但已经具有很高的准确度。《郑和航海图》中有20页的航海地图，109条针路（以指南针标明方向的航线），涉及500多个地名，图中对一些重要的城市、岛屿、滩、礁、山脉等都作了详细的记载。这是那个时代世界上最先进的航海图，正是这套航海图，指引着郑和船队在惊涛骇浪中驶向一个又一个目标港。

牵星术的运用，也是郑和船队平安航行的法宝。牵星术是我国古代的一种天文航海术，通过在夜间观察星斗的位置，结合水罗盘定向的方法来测算船位，

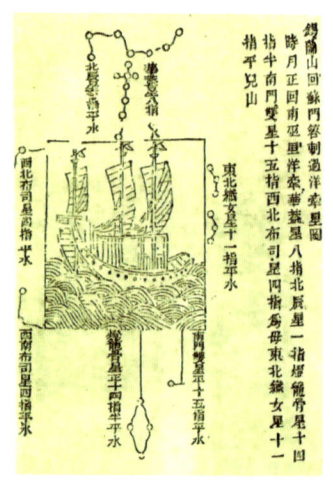

◎《郑和航海图》中的过洋牵星图

保持航向。这种技术在 20 世纪还有人在采用。

此外，郑和船队作为一支庞大的混合船队，远航时要保持船只之间通信畅通，尤其在夜晚漆黑的大海上，前后船只之间要保持联系，协调航向，这有相当的难度。在没有电子通信技术的情况下，郑和船队成功地做到了这一点。

开放与海禁

郑和下西洋的路线，被称为"海上丝绸之路"，那是一条通往陌生的海岸线的开放之路。

震惊世界的创举

中国人有很长的航海历史。早在汉朝时,中国人的航海船队就从广东出发,到过越南南部的湄公河三角洲、泰国、马来半岛和缅甸,并由此航行于印度洋,一直到印度的东南海岸、斯里兰卡等地。中国是一个海洋大国,那种将中国文化称为"内陆型文化"的说法并不准确。郑和的航海编队具有如此大的规模,如此先进的技术,绝非一朝一夕之功,它是中国人长期远洋航行经验和智慧的结晶。

◎日本画《唐船图》中的中国古代大船

◎明成祖朱棣（1360—1424）

明朝建立初期，由于沿海地区时有海盗的骚扰，明太祖朱元璋实行"海禁"政策，严格限制私人海外贸易，这个政策严重影响了中国与海外的商贸往来。

明成祖朱棣当政后，采取的一个重要政策，就是取消"海禁"，面向海洋，打开国门，不仅鼓励私人海上贸易，而且着手以国家名义组织大规模的航海活动。在郑和下西洋之前，他就多次向海外派遣过使者。

可惜的是，朱棣的先进政策并没有长期延续下去。朱棣去世后，继任的仁宗、宣宗在一些目光短浅、观念陈旧的朝臣包围下，抛弃了朱棣的开放战略，又回到了朱元璋的"海禁"政策上。郑和最后一次远洋航行之后，中国开放的大门便匆匆关起来了。在反对郑和下西洋的强硬派中，一个叫刘大夏的人当上了兵部车驾郎中，据说他担心后来的皇帝恢复朱棣面向海洋的开放战略，就下令把郑和的航海档案《郑和出使水程》烧毁了。

共享太平的愿望

永乐皇帝派郑和下西洋，一方面是为了在世人面前显示大明帝国的强盛，另一方面也是为了实现和顺万邦，与远近各国相安无事，共享太平之福的外交理想。

郑和浩浩荡荡的船队，足以证明中国当时的强大，但郑和的船队并没有充当海洋霸主，它以和平的姿态出现在世界各地，满载而归的不仅是与各国交换的物品，还有各国人民的友谊。

郑和出发时，永乐皇帝嘱咐他每到一处都要向当地国王、酋长宣传自己提倡的国际关系准则，要遵守礼法，不可欺寡，不可凌弱，争取实现"共享太平之福"的美好愿景。这体现了永乐皇帝外交的总方针——反对霸权，反对欺凌弱小，国与国之间要互相尊重，保持和平的格局。郑和下西洋是严格按这一方针行事的。

互相尊重是郑和与所到国家交朋友的法宝。郑和的船队到达各个国家时，会先问一问这个国家的禁忌，尊重当地居民的风俗。

1911年，人们在锡兰（今斯里兰卡）发现了一块碑，碑文记载了15世纪郑和船队到达锡兰山（明朝时斯里兰卡国名）时，向当地布施物品、祈祷神灵保佑平安之事。碑上刻有汉语、泰米尔语和波斯语三种文字。汉语碑文内容主要是祈祷航海平安；其他两种语言的碑文都表达了对各自民族信奉的神灵的崇敬。三种不同语言文字的碑文写在同一块碑上，体现了郑和船队对各民族宗教信仰的尊重。

郑和下西洋每次都带领数万人的军队,但从不轻易用兵。在七次下西洋的28年间,郑和在海外用兵仅有三次:一次是清除危害一方的大海盗,恢复地区的安定和船道畅通;一次是锡兰山国王对郑和船队发动突然袭击,郑和率领士兵自卫;一次是应苏门答剌(位于今苏门答腊岛)国王的请求,平息该国内乱。

这三次用兵，都严格遵循了永乐皇帝以德睦邻、共享太平的和平外交总方针。

有一次，郑和船队经过爪哇，当地东西二王正在内战，东王被杀。郑和船队不了解这件事，在原来东王的领地进行贸易，西王的士兵就不分青红皂白，杀害了郑和船队官兵170多人。

事情发生后，西王派使者向大明朝廷谢罪，请求受罚。郑和并没有对西王的士兵进行报复，而是把情况报告给了永乐皇帝。永乐皇帝责令西王赔偿黄金6万两，西王凑不够这笔财富，最后只赔了一万两。永乐皇帝也不再追究，他说："对于远邦的人，只要他认识到自己的错误就可以了，难道我看重的是钱吗？"这件事也体现了明王朝和郑和船队的宽容胸怀。

哥伦布和麦哲伦等航海船队，每到一处，就杀害和奴役当地土著居民，掠夺他们的财富。而郑和船队与他们不同，在七次大规模的航海中，没有占领别国一寸土地，没有掠夺别国一分财产，更没有在别国派驻一兵一卒。郑和船队每到一处，还无偿赠送给当地王室、大小首领以及寺院各种珍贵的礼物，有丝绸、瓷器、衣物、钱币、金银铜铁器皿，等等。东南亚一些地区，甚至连建造寺庙的砖瓦、琉璃都是由郑和船队运来的。

同时，郑和船队还与各地官方和民间开展互通有无的货物交易。中国向外输出瓷器、丝绸、茶叶、金属制品等，换回珠宝、香料、药材、珍稀动物等。货物交易遵循公平、自愿的原则，其使用的"击掌定价法"传为美谈——中国船队到达港口后，将货物带到

交易场所，买卖双方在官员的主持下当面商量价格，谈好后，大家互相击掌表示成交，决不反悔。郑和船队还向各国传播中国的先进技术，如历法、农业技术、制造技术、医术、航海和造船技术等。

郑和出使回来时，也有别国使者随船来华。有4个国家的国王还亲自来华访问，其中3人都长住中国，直至病逝。永乐二十一年（1423年），郑和第六次下西洋返回的次年，有亚非十六国的使臣、商人来到中国参观访问，多达1200多人。

◎郑和下西洋带回的金锭

直至今天，东南亚一些国家的民众还保留着对郑和下西洋的美好记忆。在泰国、印度尼西亚、马来西亚等国，有三宝庙、三宝垄、三宝山、三宝井等纪念郑和的建筑。

◎明代《瑞应麒麟图》。图中的"麒麟"(长颈鹿)为榜葛剌国(今孟加拉地区)献给永乐皇帝的异兽。

无声的军阵：秦始皇兵马俑

- 兵马俑的发现
- 威武的军阵
- 充满生气的彩绘雕塑
- 神秘的秦始皇陵

被称为"世界第八大奇迹"的秦始皇兵马俑,是中华民族的伟大遗产,也从一个侧面展示了中国古老而灿烂的文化。

兵马俑的发现

1974年春天,陕西省临潼县(今陕西省西安市临潼区)西杨村的村民在打井时,挖出了一些残破的瓦人,还有铜箭头、秦砖等物件。这些瓦人的身高、身材都近似真人,有的被村民们戴上草帽,立在麦田里吓唬麻雀,有的被村民们当成"瓦盆爷"供奉起来。

其实,这些瓦人都是秦始皇陵陪葬坑里的陶俑,在被偶然挖出来后，因为无人知晓它们的价值，就这样在外面风吹日晒了近一个月。

当地文化馆工作人员赵康民听说了这个消息，迅速赶往现场。他根据出土的物品，结合当地地理位置，判断出村民挖到的极有可能是秦武士俑陪葬坑。他把残破的陶俑和其他物品带回了文化馆，并让人把现场保护了起来。

经过赵康民的修复，两个身高近1.8米、身穿战袍的秦武士俑重新焕发了英姿。在考古队的深入挖掘下，沉睡两千多年的秦始皇兵马俑重见了天日，一座巨大的地下军事博物馆呈现在世人面前。这个发现，震动了中国乃至全世界考古界！

兵马俑是秦始皇嬴政的陪葬品。秦始皇是中国历史上第一个封建帝王，他从13岁起就开始修建自己的陵墓了。早早地为自己修建陵墓，其实是古代帝王的一种风气。古人有"事死如事生"的观念，他们认为，

人死后被埋在地下,是在"死后的世界"里继续生活,因此他们会准备丰厚的陪葬品,希望带到地下享用。秦始皇用这样一支庞大的陶俑军队来陪葬,也许就是想在"死后的世界"里依然拥有强大的军事力量吧!

威武的军阵

人们最开始发现陶俑的这个地方,被叫作秦兵马俑一号坑，总面积1.4万多平方米，是4个兵马俑坑中最大的。一号坑中是一个完整的军阵，可能模拟的是秦始皇的卫戍部队。军阵组织严密，排列有序：前面是3排前锋部队；中间是军阵的主体，有38路纵队，形成一个巨大的方阵；两侧和最后各有一排横队，是军阵的两翼和后卫。军中还有陶马拉着木质战车。据推算，一号坑中约有陶俑、陶马6000个，战车50余辆。陶俑和真人大小差不多，一个个穿着铠甲，手持青铜兵器，兵器都是真的武器。在4个坑中，一号坑的兵马俑军阵规模最大，气势最壮。

1976年，考古人员又相继发现了二号、三号坑。二号坑总面积6000多平方米，共有陶俑、陶马1300多个，战车80余辆，青铜兵器数万件。二号坑比一号坑内容更丰富，兵种更齐全，有车兵、步兵、骑兵，其中车兵又分为轻装车兵和重装车兵，步兵中有弩兵和随车步兵。二号坑军阵包括弩兵方阵、骑兵方阵、战车方阵和混合方阵共4个方阵，复杂多样却又井然有序。弩兵方阵由立式弩兵俑和蹲跪式弩兵俑组成，

一个个英武有力,栩栩如生。著名的跪射俑就出自这个方阵。骑士俑立在马前,手牵马缰。战车后除了车士俑,还配有步兵俑。二号坑军阵可能模拟的是秦军中的精锐部队。

三号坑面积较小,只有500多平方米,平面呈"凹"字形。有一辆驷乘车(4匹马拉的车),车上有4个陶俑,

前排是驾车手，后排是军士和车士。车外有 64 个武士俑。车上有彩绘花纹，车前驾 4 匹马，说明车的级别较高。从整体布局看，三号坑可能是统率一、二号坑军阵的指挥部，只是没有建成而已。

后来，人们又在二、三号坑之间发现了一个未建成的坑，这就是四号坑。它里面还没来得及放兵马俑，就被匆匆填上了。从整体布局看，这很有可能是关键的中军位置。

三、四号坑都是未建成的陪葬坑。秦始皇去世时，陵墓还没有修建完，由他的儿子秦二世继续修建。但秦二世即位不久，陈胜、吴广率领的农民起义军就打到了骊山周围，秦二世为应对起义军，不得不将秦始皇陵草草竣工。两年后秦朝便灭亡了，这两个陪葬坑就一直处于未建成的状态。

充满生气的彩绘雕塑

兵马俑引起世人轰动,除了它的不凡气势之外,还在于它的雕塑艺术达到极高的水平。

兵马俑的人俑、马俑和真人真马一样大小,全部绘彩(由于掩埋过久,色彩多已脱落),塑造得惟妙

惟肖。每一个人俑的面部表情,以及眉、眼、鼻、唇、耳、脸型、发型、胡须,都各有特色,体现了每个军士不同的年龄、身份和性格。

跪射俑头绾发髻,身着战袍,外披铠甲,右膝着地,左腿弯曲,身体微微前倾,双目凝视前方,两手一上一下,作控弓状。虽然弓箭已不存,但仍可感觉到其准备射击的紧张之势。兵马俑中的立俑都突出其身材高大、体格健壮,而这类跪射俑则更突出其矫健灵活的姿态,以及伺机而动、蓄势待发的动感。他们面部的神情充满生机,眉低垂,鼻微张,耳朵侧竖,正是静听八方之音、等候出击的样子。他们身上铠甲的缝褶,也随着人物的动态而显示出变化。

3个陪葬坑中的马俑数量很多,共有600多匹,它们的用处不同,有的是驾车战马,有的是乘骑战马。马俑的雕刻风格简洁古朴,令人陶醉。如二号坑的一匹乘骑战马,四蹄伫立,鬃毛竖起,尾巴在静垂中又微微翘起,富有力量感。马的身体骨劲而力丰,腹部微微上缩。马首高昂,鼻子微张,眼睛突出,十分传神。

汉初文学家贾谊形容秦始皇的统治是"振长策而御宇内",即挥舞着鞭子驱使天下。秦始皇兵马俑所展现的正是这种驱使天下的帝王气势。当你走进秦兵马俑一号坑,眼前呈现的景象不由得你不震惊——数百人的前锋部队列队在前,整装待发。后面跟着数千人的大部队,一个个身披铠甲,手握兵器,排成整齐的队形,忠诚待命。两旁战马昂首,战车森然而列。你似乎能听到骏马嘶鸣,战车辚辚,无数将士高声呐喊,此时天低云沉,宇宙间都在回荡着这样的声音。整个军阵形成了一种排山倒海的气势。

秦始皇兵马俑塑造得如此写实,如此传神,细节处理如此微妙,整体姿态如此富有动感,使人们对于两千多年前中国雕塑艺术的水平,有了一种全新的认识。

神秘的秦始皇陵

在陕西的临潼,南依骊山,北临渭水,远远地望去,有一座庞大的山丘映入眼帘,这就是神秘的秦始皇陵。

秦始皇名嬴政,出生在混乱的战国时代。他的父亲秦异人是秦国的王子,曾被送往赵国做人质,在这期间有了儿子嬴政。后来,秦异人回到秦国继承王位,不久后逝世,13岁的嬴政便成为新一任秦王。

嬴政是一个极有政治和军事才能的君主。他灭韩、赵、魏、楚、燕、齐六国,结束了春秋以来诸侯割据混战的局面,建立了中国历史上第一个中央集权的封建王朝——秦朝,使中国从此进入长期统一的时代。他又北驱匈奴,南征百越,使秦朝的疆域空前辽阔,成为当时世界上最大的国家。

秦始皇陵可能是地球上有史以来最大的陵墓,其工程之浩大、用工人数之多、持续时间之久都是前所未有的。修建秦始皇陵的工程前后持续近40年,动用劳动力超过70万人,而当时整个秦朝的总人口才两千多万人。许多工人一生都是在修建秦始皇陵中度过的。陵墓建成后,为防止秘密被泄露,秦二世下令关闭墓门,将工人们永远关在了墓里。

整个秦始皇陵主要由4部分构成:地下宫殿、内城、外城和外城以外。地下宫殿是陵墓的核心,相当于秦始皇生前的皇宫。秦始皇是按照他在世时享有的一切来建设这座地下宫殿的。据说,地宫内有不计其数的奇珍异宝,有水银浇灌成的江河湖海,有以人鱼油脂为燃料的长明灯;为防止盗墓贼破坏,地宫入口处还设有精巧的机关,擅自进入的人会被弩箭射中。

这座深埋的地下宫殿今天是否还存在？对于这个问题，考古学界有激烈的争论。种种迹象表明，这一神秘的地下宫殿今天依然存在，而且没有被盗掘。

2002年9月17日，人们通过电视直播，观看了考古学家探测埃及金字塔内部空间的过程。如果打开秦始皇陵地下宫殿，不知道又该吸引世人怎样的注意！我们等待着这一天。

祈求和平的万里长城

- 历史上的长城
- 和平的愿望
- 长城的「精神」
- 长城之美

说到中国文化，常常要说到长城。在历史的长河中，先后有十多个朝代修建过长城，各时代修建的长城累计有 10 万千米以上。3 次浩大的长城修建工程，分别是在秦、汉和明代。

长城是世界历史上最伟大的工程，其参与人数之多、延续时间之长、工程难度之大，在世界上无出其右。长城在英文中写作 the Great Wall，意为伟大的城墙，这是恰如其分的。它的万里身躯横跨了大半个中国，见证了中国的漫长历史，也记载着中华民族生生不息的生命力。

历史上的长城

长城是世界上最长的建筑物，仿佛一条巨龙，横亘于中华大地。

"长城"这个名称最早出现于春秋战国时期，当时列国争霸，为了互相防守，会在边境上修筑一些自卫的边墙，叫作长城。比如，齐国为防楚国攻击，修筑了一条东至大海、西至平阴（今山东省济南市平阴县）的长城。除此以外，北方的秦、赵、燕三国因为与强大的游牧民族匈奴毗邻，为防止匈奴入侵，他们也各自在北部修筑了长城，这就是万里长城的雏形。

公元前221年，秦始皇统一中国。几年后，他着手将秦、赵、燕国修筑的独立边墙连接起来，形成较为完整的防御体系。他派大将蒙恬率军驱逐匈奴后，

接着修筑长城,根据地形建立防线,在险要地段设立要塞,以防匈奴再度南下侵袭。秦长城西起临洮(今甘肃省定西市临洮县),东至辽东(今辽宁、吉林省东南),绵延一万余里(5000多千米),"万里长城"的名称就是这样来的,万里长城的规模和基础也是秦朝所奠定的。

秦以后,汉、北魏、北齐、北周、隋、辽、金、元、明等朝代对长城均有修筑,其中以明代修筑规模最大,建筑水平最高。现今存有遗迹的主要是明长城,东起辽宁虎山,西至甘肃嘉峪关,时断时续,其中北京北郊一段数百千米的长城保护得最好。

2009年,国家文物局和国家测绘局联合公布明长城的长度为8851.8千米。2012年,国家文物局认定中国历代长城遗迹总长为21196.18千米,各类长城资源遗存总数43721处(座/段),其中墙体10051段,壕堑/界壕1764段,单体建筑29510座,关、堡2211座,其他遗存185处。

和平的愿望

中国人为什么要修长城？两千多年的时间里，这个古老的东方民族矢志不渝地修长城，一定有它不得不如此的理由。

20世纪初，美国著名旅行家威廉·埃德加·盖洛在考察长城之后说，许多世纪以来，中国人一直在潜心研究和平的艺术，并从心里鄙视那些穷兵黩武的武夫。他认为长城是祈求和平的象征。中国人知道，堆积石块总比抛掷石块伤人好，保护生灵的城墙总比掩埋尸体的壕沟好。长城是和平的标志，是人们在和平的愿望下修建的。绵延万里的长城，寄托着中华民族要过安宁生活的强烈愿望。一个热爱和平、厌恶战争的民族，才会投入这么多的人力、物力去修长城。中国人对和平生活的追求，从世世代代修长城这一事实本身就能得到体现。中国人经历了无数次的战争,战争的毁灭性给人留下太深的印象。修建长城有说不尽的艰辛,甚至不少人因此付出生命。但与惨烈的战争相比,人们还是更愿意选择前者。

长城的修建,是与人民反对战争的愿望联系在一起的。汉代一位不知名的诗人站在长城下,写道:

战城南,死郭北,野死不葬乌可食……水深激激,蒲苇冥冥。枭骑战斗死,驽马徘徊鸣。

一场战争过后,尸横遍野,骁勇的战马都死在了战争中,只有一匹劣马在苍凉的芦苇丛中嘶鸣。这首诗流传广远,表达了人民憎恶战争的心情。

元代诗人萨都剌登临北京北郊的居庸关，气势磅礴地写道：

居庸关，何峥嵘！上天胡不呼六丁，驱之海外消甲兵？男耕女织天下平，千古万古无战争！

这种天下太平、安居乐业的美好愿景，是整个中华民族自古至今的追求。

长城的"精神"

修建长城的艰苦，是一般人难以想象的。在两千多年的时间里，无数人背井离乡来到北方，长年累月地劳作，在这项工程中奉献了他们的汗水甚至生命，创造出这一举世罕见的奇迹。汉语中"众志成城"这个成语，说的正是这件事。

在与长城有关的传说中，孟姜女的故事尤为动人。孟姜女是秦始皇时代的一位平民女子，她的丈夫去修长城，她在家中思念不已，于是千里迢迢去寻夫。到了长城脚下，一位同乡告诉她，她的丈夫已经死了，尸骨就埋在长城下。孟姜女在长城下哭了三天三夜，哭得天昏地暗。在她的哭声中，一段段长城倒下了。

中国人在修建长城过程中付出了很大的代价，孟姜女的传说反映了百姓承受的苦难和内心的辛酸。但不能由此推论出百姓怨恨长城。孟姜女的故事中透露出对暴君的控诉，却没有对长城本身的怨言。因为对百姓而言，长城是一道能够抵御外敌、保护自己的安全屏障。

长期以来，长城还被中国人当作一种精神力量的象征。巍峨的长城，横亘在中国的北方，它的存在就说明，众志可以成城，群体团结的力量可以移山倒海，创造人间奇迹。中华人民共和国国歌《义勇军进行曲》中就有"把我们的血肉，筑成我们新的长城"的歌词，激励中华儿女为中华民族的复兴而团结奋斗。

长城的建设，体现出中国人难以想象的意志力。看今天北京郊外的明长城，高墙在陡峭的山脊上延伸，人攀登上去尚且困难，而要在薄薄的山脊上筑起巨大的城墙堡垒，需要付出怎样的辛劳！当年的施工没有今天的机械化工具，其艰难程度可以想见，没有坚强的意志是无法完成的。

长城之美

长城的确是"伟大的城墙"，它是世界上迄今为止最伟大的建筑。长城的美，就体现在它的雄奇博大上，它不仅纵横万里，体量巨大，而且大开大合，如同一位书法家在无垠的天幕上留下的壮丽墨迹。

两千多年前的古人就在创造和欣赏长城独特的

美。长城烽火台的设计可以说极尽奇思妙想。烽火台在战争时用来传递消息,如果哪里发生战乱,人们夜晚就会举火示意,白天就会在烽火台上燃起烟火,叫作"狼烟"。狼烟四起,在旷野之中缭缭升腾,十分壮观。

长城是防御工事,但建设长城不是简单地建一道城墙,将敌人拦在墙外。长城是一个复杂的防御体系,由城墙、敌楼(城墙上御敌的城楼)、关城(防御据点)、墩堡(报警台和堡垒)、卫所、烽火台等组成。这一个个节点为无限延伸的城墙注入变化的节奏,形成长城跌宕起伏的气势。长城不是直线延伸,而是笔走龙蛇,伏脉万里。我们今天登上长城远看,总觉得内心有一种回环往复的意味在回荡,无法抑制的情感随着长城的龙脉而流转。

长城这种跌宕起伏、回旋流动的气势和韵味,在司马台长城体现得尤为充分。司马台长城在北京郊外,是一段明长城。有人说,长城之美,尽在司马台;司

马台之美,尽在险峻中。

司马台长城建在陡峭的山脊上,山脊蜿蜒曲折,长城的身段也随着山势而起伏,忽而落入深渊之下,忽而跃于山顶之上。它就像一条巨龙,一会儿到一片苍松翠柏的深山中豪饮山泉,一会儿又到高高的天穹上舞动身姿。

司马台长城最险处是两段名为云梯和天桥的路段。云梯号称"万里长城险绝处",它是单面墙体,有的地方不过半米,人走在其中,两侧为悬崖陡壁,像一个直梯子一样向上直接跃升,势如山立。云梯之上有天桥,长约百米,桥面极窄,真是"猿猱欲度愁攀援"。

司马台长城的最高处是望京楼,到此处,可以纵目四望,长城尽览眼中,此时你看到的长城如同倒挂在悬崖峭壁之上的一条正在抖动而飘飞的彩带。这里有连绵不断的村落,偎依着群山,轻烟袅袅,一片祥和。再向远处望，北京城隐然在目。有人说，这里才是北京城的至深至美之处，你到了这里就会觉得这并非妄言。这种美，使你能够真正感受到人的创造力的伟大。

司马台长城的建筑受到人们广泛称誉。这里有35座敌楼，每一座都绮丽壮观，楼分两层，端坐于绵延的长城之上。楼以大方石块垒成，坚固稳实。经过岁月的洗礼，敌楼的墙面斑驳陆离，一幅饱经沧桑的画面，也记载着长城曾有过的辉煌。